Für

meine

Liebe

Cousine

Dieter Dez 2010

KiWi
PAPERBACK
1163

Das Buch

Sind Sie auf der Suche nach fleischigen Lieschen für Ihren Strebergarten? Oder hätten Sie auch gerne eine Bürokraft, die Ihre Schüler betreut und sauber macht? Dann seien Sie gewarnt, denn hier gehen gleich noch mehr Scherben zu Bruch!

Dank Bestsellerautor Bastian Sick ist die Zwiebelfischjagd mittlerweile Kult! Fans und Hobbyjäger umschreiben das exotische Wesen wie folgt: Der deutsche Zwiebelfisch ist von einem unerschöpflichen Bewegungsdrang getrieben und hinterlässt überall seine Spuren. Als Buchstabenverdreher und Wortjongleur par excellence treibt er sein Unwesen am liebsten im Schilder- und Anzeigendschungel oder in den Untiefen der Internetportale. Seine Mission ist eindeutig: Irritation, Fassungslosigkeit, aber vor allen Dingen Belustigung erzeugen!

Aus den unzähligen Einsendungen seiner begeisterten Leserinnen und Leser hat Zwiebelfischspezialist Bastian Sick erneut die witzigsten und originellsten Entdeckungen ausgewählt und kommentiert. Nach den grandiosen Erfolgen der Kolumnenbände *Der Dativ ist dem Genitiv sein Tod* und der Vorgängerbände *Happy Aua 1* und *2* ist sie nun endlich da – die Fortsetzung des lustigsten Bilderbuches der deutschen Sprache. Zurücklehnen und genießen, denn hier ist Spaß gratiniert!

Der Autor

Bastian Sick, geboren in Lübeck, Studium der Geschichtswissenschaft und Romanistik, Tätigkeit als Lektor und Übersetzer, von 1995–1998 Dokumentarjournalist beim »Spiegel«, von 1999 bis 2009 Mitarbeiter der Redaktion von »Spiegel Online«, seit 2003 dort Autor der Sprachkolumne »Zwiebelfisch«. Aus diesen heiteren Geschichten über die deutsche Sprache wurde später die Buchreihe »Der Dativ ist dem Genitiv sein Tod«. Es folgten zahlreiche Fernsehauftritte und eine Lesereise, die in der »größten Deutschstunde der Welt« gipfelte, zu der 15.000 Menschen in die Köln-Arena strömten. 2006 ging Bastian Sick erstmals mit einem eigenen Bühnenprogramm auf Tournee, einer Mischung aus Lesung, Kabarett und fröhlicher Show. Zuletzt erschien von ihm »Der Dativ ist dem Genitiv sein Tod – Folge 4«. Seit 2009 arbeitet Bastian Sick als freier Autor. Er lebt in Hamburg.

Weitere Titel bei Kiepenheuer & Witsch

»Der Dativ ist dem Genitiv sein Tod. Ein Wegweiser durch den Irrgarten der deutschen Sprache«, KiWi 863, 2004 (liegt auch als gebundene Schmuckausgabe vor). »Der Dativ ist dem Genitiv sein Tod – Folge 2. Neues aus dem Irrgarten der deutschen Sprache«, KiWi 900, 2005. »Der Dativ ist dem Genitiv sein Tod – Folge 3. Noch mehr Neues aus dem Irrgarten der deutschen Sprache«, KiWi 958, 2006. »Happy Aua. Ein Bilderbuch aus dem Irrgarten der deutschen Sprache«, KiWi 996, 2007. »Zu wahr, um schön zu sein. Verdrehte Sprichwörter, 16 Postkarten«, KiWi 1050, 2008. »Happy Aua – Folge 2. Ein Bilderbuch aus dem Irrgarten der deutschen Sprache«, KiWi 1065, 2008. »Der Dativ ist dem Genitiv sein Tod – Folge 1–3 in einem Band. Ein Wegweiser durch den Irrgarten der deutschen Sprache«, KiWi 1072, 2008. »Der Dativ ist dem Genitiv sein Tod – Folge 4. Das Allerneueste aus dem Irrgarten der deutschen Sprache«, KiWi 1134, 2009.

Bastian Sick

Hier ist Spaß gratiniert

**Ein Bilderbuch aus dem Irrgarten
der deutschen Sprache**

Kiepenheuer & Witsch

1. Auflage 2010

© 2010 by Verlag Kiepenheuer & Witsch, Köln
© SPIEGEL ONLINE GmbH, Hamburg 2010
Umschlaggestaltung: Barbara Thoben, Köln
Umschlagmotiv: © plainpicture/Christine Basler
Autorenfoto: www.zitzlaff.com
Gesetzt aus der Frutiger
Satz: Felder KölnBerlin
Druck und Bindearbeiten: CPI – Clausen & Bosse, Leck
ISBN 978-3-462-04223-8

Inhalt

Liebe Leserinnen und Leser!

Willkommen an Charlys freundlicher Gemüsetheke! Hier gibt es alles, was der Vitaminsüchtige begehrt: Erdbeeren mit Pfirsichgeschmack, Birnen mit Williams, küstenweise Spargel, pflanzliche Zitronen und wiederverschließbare Oliven! Greifen Sie zu!

Wer sich mehr für Kalorien als für Vitamine begeistert, der wird hier gleichfalls gut bedient! Ein paar Fremdsprachenkenntnisse wären allerdings hilfreich. Denn nicht nur Werbung, Banken und Bahn haben auf Englisch umgestellt, sondern auch die Cafés, die heute Coffeeshops heißen, und die Bäckereien, die sich vorzugsweise Back-Shops nennen. Dort gibt es Doughnuts, Muffins und Snacks. Manchmal aber auch Donalds, Maffin's und Snäg's. Lassen Sie sich überraschen!

Und steht erst Weihnachten vor der Tür, und brennen der Adzventzkrantzkerzen vier, dann nehmen Sie sich in Acht vor geschnitzten Puten und geschlachteten Gänsen, die frei herumlaufen. Und lassen Sie sich rechtzeitig gegen die Weihnachtsgrippe impfen!

Dieses Buch enthält eine Auswahl der originellsten Leser-Einsendungen des vergangenen Jahres. Fundstücke aus Zeitungen, aus dem Internet, aus Werbeprospekten, von Speisekarten, Angebotstafeln und Hinweisschildern. Die Zusammenstellung hat mir großes Vergnügen bereitet, und ein ebensolches wünsche ich Ihnen beim Umblättern dieser Seiten!

40 Kapitel sind es geworden – zu fast allen Bereichen des Lebens. Es geht um die Liebe, für die der eine keine Worte findet, während der andere zu viele macht, es geht um interessante Jobs, um politische Versprechungen, um Freizeitvergnügen und

Sport, es geht um kulinarische Spezialitäten und ums Verreisen in Länder, von denen man noch nie gehört hat. Und natürlich geht es um Bildung, denn davon bekommt man nie genug. Nur so können wir Kometenz gewinnen und unsere Chanchen verbessern.

Ein größeres Kapitel ist abermal's den Apostrophen gewidmet. Denn die Lust der Deutschen am Apostrophieren ist nach wie vor ungebrochen. Und was Sie im Kapitel »Neue Katastrophen mit Apostrophen« zu sehen bekommen, ist nur die Spitze des Eisberg's. Aus den vielen, vielen Bildern von verrückten Häkchen, die ich inzwischen gesammelt habe, ließe sich allein ein ganzes Buch zusammenstellen. Vielleicht mache ich das eine's Tage's noch ...

Bei den meisten Bildern spritzt einem der Witz förmlich ins Gesicht, bei anderen muss man etwas genauer hinsauen, um ihn zu entdecken.

Verzweifeln Sie nicht gleich, wenn Sie etwas nicht verstehen oder einen Fehler nicht als solchen erkennen. Oft werden wir von unserem Gehirn überlistet, das viele Fehler automatisch korrigiert und sie dadurch unsichtbar werden lässt. Manchmal ist es »nur« ein Gänsefüßchen, durch das ein neuer Sinn entsteht – und ein anderer verloren geht. Manchmal gehören nicht mehr als zwei vertauschte Buchstaben dazu, um leckere Vollkostbrocken in einen Vollkotzbrocken zu verwandeln. Manchmal liegt auch überhaupt kein Fehler vor, sondern nur ein kurioses Zusammentreffen zweier Informationen, die eigentlich nichts miteinander zu tun haben, so wie im Falle des Altkleidercontainers, der rein zufällig neben der Warenanlieferung des Textilhändlers KiK aufgestellt wurde.

Manchmal kriegt man vor Lachen kaum noch Lust, und manchmal macht man sich sogar in die Büchse. Dann ist es gut, wenn man »Schisser«-Unterwäsche trägt.

Manchmal muss man sich die Trainer aus den Augen wischen, Arme und Beine von sich werfen und sich einer kompletten

Gesichtsentfernung unterziehen, um am Ende als Frau beim Mischlingshunderennen zu gewinnen. In diesem Sinne: Auf die Plätze, fertig, Spaß!

Herzlichst, Ihr

Hamburg, im Mai 2010

www.bastiansick.de   www.spiegel.de/zwiebelfisch

Auf eigene Gefahr

Lange hatte es die Kirche bestritten, schließlich kam es aber doch ans Licht: Gott ist Gewerkschaftsmitglied! Das erklärt, weshalb er außerhalb seiner Dienstzeiten für seine Schäfchen keine Verantwortung übernimmt.

Fotografiert in Reihen bei Sinsheim (Baden-Württemberg)

Vor dem Betreten sind Helm, Knieschoner und kugelsichere Weste abzulegen. Bodyguards und Schutzengel müssen leider draußen bleiben!

Für Ihre Sicherheit besteht hier kein Zutritt !

Fotografiert auf einem Firmengelände in Freiburg im Breisgau

Elektriker Uwe K. hatte ein Problem mit Nähe; er hasste es, anderen Menschen die Hand geben zu müssen. Er liebte allein die defekten Geräte, die man ihm zur Reparatur brachte. Sie waren kühl und reglos und würden ihn niemals anfassen. So glaubte er zumindest. Bis er eines Tages ein Gerät in die Finger bekam, das anders war als die anderen ...

WARNING : SHOCK HAZARD – DO NOT OPEN!
AVIS : RISQUE DE CHOC ELECTRIQUE – NE PAS OUVR
VORSICHT : BERÜHRUNGSGEFAHR – NICHT ÖFFNEN!

Warnhinweis auf der Rückseite eines CD-Spielers

Das Gästezimmer machte auf den Ski-Urlauber einen sehr gepflegten Eindruck, doch beim Anblick der vielen Beile und Messer, von denen noch frisches Blut zu tropfen schien, überkam ihn ein ungutes Gefühl.

Fotografiert in Mutters bei Innsbruck

Der Genuss von Alkohol und Müllablagerungen ist auf dem Gelände verboten

Der Eigentümer

Egon M. wollte nicht länger tatenlos zusehen, wie wildfremde Leute auf seinem Grundstück Party machten und ihm seinen mühsam angelagerten Müll wegfraßen.

Hausanschlag in Hamburg

Ende Gelände! Nachdem immer mehr Unbefugte ihre Fahr-
räder am Treppengeländer angeschlossen hatten, sah sich die
Herbergsleitung genötigt, ein klares Verbot auszusprechen.

Bei Verschlossenheit
des Tores bitte Drehkreuz
hinter dem Haus
des Gastes benutzen

»Die Verwendung des Genitivs tut der Klarheit der Aussage des Hinweises keinen Abbruch«, befand der Verfasser des Textes dieses Schildes am Tor des Hauses des Gastes.

Fotografiert in Wismar (am Tor des Ausgangs des Bürgerparks)

Armer Hund! Fühlt sich ganz betreten, weil er auf eigene Gefahr wachen muss! Ein simples Ausrufezeichen hätte ihm diese Demütigung erspart.

Gesehen in Eppan an der Weinstraße (Südtirol)

Total abgefrackt

Abfracken lohnt

Umweltprämie – gegen Luftverschmutzung und für Automobilkonjunktur

Das Bundeskabinett hat die Ausgestaltung der beschlos-

Anträge können ausschließlich auf dem Postweg

bescheinigung Teil I (Fahrzeugschein mit dem Verme

Deutschland ist im Secondhand-Fieber! Seit Einführung einer Prämie für abgetragene Fräcke prügeln sich die Erben plötzlich um Großvaters alten Kleiderkoffer.

Aus dem »Allgemeinen Anzeiger am Sonntag« (Gera) vom 15.2.2009

»W« – das steht für »Wagenwracks«, »F« indes für »Fahrradfracks«!

Da können Sie jeden befrackten Fahrradfreak auf dem Fahrradfeg fragen!

Werbung eines Fahrradhändlers in Berlin

**Bröje Öl-Brennwertkessel
22 KW mit Blaubrenner u.
Regelung Abgasrohr,
300 Liter Solar Speicher,
Solarkolektoren Aufpreis** ↙
 **Zubehör, mit Verrohung
und Montage Festpreis**

inkl. 19 % Mw.St● **9.999** -€

Ein Eimer Sangria am Ballermann auf Mallorca ist zweifellos um einiges günstiger als dieser Ölkessel und heizt mindestens genauso ein; auf die komplette Verrohung gibt's dabei sogar Garantie!

Entdeckt im Schaufenster eines Installateurs in Immenstaad am Bodensee

Idyllisch gelegene 180 m2 / 35.000m2 Naturstein-Finca, mit eigenem privaten Wanderweg in den Bergen von Tarbena, nur mit dem Cheap erreichbar, uneinsehbar mit optimaler Abendsonne, ideal auch für Tierhaltung.

Ist der Jeep inzwischen wirklich so billig geworden?

Immobilienanzeige aus den »Costa Blanca Nachrichten« (Alicante, Spanien)

Das Geschäft mit dem Reis lief gut. Endlich ging Uncle Ben's Traum vom teuren deutschen Auto in Erfüllung. Da war die Namensänderung nur eine Frage der Zeit.

Fotografiert im »Handelshof« in Köln-Müngersdorf

Leicht zu erklärende Wervechslung: Wer nur Fiat kennt, der schwebt wie auf Wolken, wenn er das erste Mal einen VW fährt.

Fotografiert in Sulmona, Italien

Der Kaffee
ist fertig!

Pads heißen jetzt Tabs! Sonst ändert sich nix, so wie bei Raider und Twix! Sie können damit wahlweise Ihren Espressoautomaten oder Ihre Geschirrspülmaschine auffüllen. Wenn das nicht praktisch ist! (Von der innovativen Verarbeitung gemahlenen Kaffees ganz zu schweigen)

Anzeige im Schaufenster eines Restpostengeschäfts in Wien

Das ist das Problem bei Instant-Kenntnissen: Sie lösen sich so schnell auf! Hier müsste die Rechtschreibung mal wieder instand gesetzt werden.

Fotografiert im »Edeka«-Markt in Deggendorf (Bayern)

Dieses Crème-brûlée-Set ist der Brüller!

Aus einem Prospekt von »Möbel Rogg« in Balingen (Baden-Württemberg)

Eine Morgenlatte kriegt jeder Mann hin. In bestimmten Etablissements bekommt er auch eine Abendlatte.

Fotografiert vor einem Café in der Krefelder Fußgängerzone

Im traditionsbewussten Oberfranken begegnet man Veränderungen und neumodischem Kram grundsätzlich eher skeptisch. Es bleibt daher abzuwarten, ob sich die Kundschaft dieses Stehcafés damit anfreunden wird, dass sie ihren geliebten »Kaffee to go« neuerdings auch zum Mitnehmen bekommen kann.

Fotografiert in Wonsees (Bayern)

Frisch gepflückt ...

Und alle mitsingen: »An der Nordseeküste – am plattdeutschen Strand – sind die Brööötchen im Wasser – und selteeen an Land!«

Fotografiert in Paguera (Mallorca)

... ist halb serviert

BACKSTUBE

Er ist wieder da!

frisch gepflückter

Pflaumenkuchen

Sahneteilchen

Es ist noch kein Bäckermeister vom Himmel gefallen. Hin und wieder aber fällt einer vom Pflaumenkuchenbaum ...

Angebot einer Bäckerei in Arnsberg (Nordrhein-Westfalen)

Hänsel hasste es, zum Brötchenbelegen in den Ofen kriechen zu müssen, doch die Knusper-Hexe ließ ihm keine Wahl – und Gretel hatte sich längst mit einem seefrisch gelandeten Matrosen davongemacht.

»Wurst-Basar«-Filiale in Isernhagen (Niedersachsen)

Da der Platz auf dem Hof nicht ausreichte, um die Hühner frei herumlaufen zu lassen, entschloss sich Bauer Grönhöker dazu, wenigstens den Eiern etwas Auslauf zu ermöglichen.

Gesehen auf der Nordseeinsel Langeoog

ERDBEEREN

günstiger
Selbstpflügpreis

Wir freuen uns auf Ihren Besuch!

Plantage Neustadt
Am Pfingstgraben
geöffnet:
Mo.-Sa. 9 -19 Uhr
So. 9 -12 Uhr

Plantage Rodewald
Schäpertwachte
geöffnet:
Mo.-Sa.
7.30 -12 Uhr

Vor die Ernte hat der Herrgott das Pflügen gesetzt. Aber keine Angst: Den Traktor bekommt man selbstverständlich gestellt.

Aus der »Leine-Zeitung« (Umland Hannover)

Nur die Harten kommen aus dem Garten

Für alle, die ihrem Chef von Zeit zu Zeit am liebsten den Kopf abbeißen würden.

Angebot auf einem Wochenmarkt in Hamburg-Altona

Hier hat ein tapferer Grapfiker ganze Arbeit geleistet ...

Aus einem »Globus«-Supermarkt im Saarland

Neue karnivore Pflanzenzüchtung aus dem »Little Shop of Horrors«?

Entdeckt bei »Norma« in Fürth

Tulpen und Narzissen? Fand sie zu bescheiden.
Nelken und Geranien? War'n ihr zu profanien.
Chrysanthemen? Würd sie nehmen!
Wenn sie wüsste, wie man's schreibt ...
Womit's doch bei Narzissen bleibt.

Entdeckt an einem S-Bahn-Kiosk in Berlin

Für ihren berühmten Kuchen nach geheimem Familienrezept, den sie ihren vier Söhnen jedes Jahr zur Feier ihres ersten Ausbruchsversuchs ins Gefängnis schickte, fehlte Ma Dalton nur noch eine besondere Zutat.

Angebot eines »Tengelmann«-Marktes in Oberursel (Hessen)

biet. Das Haus ▨▨▨▨▨▨▨▨▨▨ mit ange-
schlossenem Strebergarten, ein Zierteich
mit Koikarpfen darin, fällt aus dem Rah-
men. Es signalisiert: An architektonischem

Sag mir, wo die Streber sind – über Gärten weht der Wind!
Wann wird man je versteh'n, wann wird man je versteh'n?

Aus dem »Stern« 13/2009

GARDENA
GEWÄCHSHAUS FÜR KINDER*
Im Lieferumfang enthalten:
• 1 Gewächshaus, 1 Gießkanne, 4 Gartengeräte

• Maße: ca. 100x80x100 cm
• Material: Kunststoff
• ab 3 Jahren

ACHTUNG!
NUR BEGRENZTE
STÜCKZAHLEN
VORHANDEN!

STATT 22.90
9.99 STÜCK

Für alle Eltern, die es nicht erwarten können, dass ihre Kleinen
endlich groß werden!

Aus einem »Penny«-Prospekt

Sachen gibt's,
die gibt's nicht!

Nach dem großen Erfolg des Sportteil-Sessels und der Beilagen-Sitzecke wurde auf der diesjährigen Möbelmesse ein weiteres Modell für Zeitungsleser vorgestellt.

Feuilleton-Bett, geschw. Metall, m. Matratze 1,40 m x 2m, grau, VB 110 €; Tel.

Futonbett, Buche, Fehlkauf 140 x 200 m. Lattenrost u. Matratze, nicht gebraucht, VS, Tel.

Aus dem »Sauerland-Kurier«

Schambalo 1.900 €, 04238/

Niemand wollte sein gebrauchtes Schello kaufen. Aber Orchestermusiker i.R. Pringel hatte noch anderes anzubieten.

Segelreflexkamera
Praktica B100, versch. Objektive, Blitzgeräte, Bereitschaftstasche, 550,- DM. Tel. 07

Schon zu D-Mark-Zeiten eine Legende: die Kamera mit dem einzigartigen Segelreflex.

Glück und Glas
(... wie leicht
bricht das)

Erneut gehen Scherben zu Bruch

Unbekannte langen in Telefonzelle und an Wartehäuschen zu

Besonders kräftig zugelangt haben Unbekannte in der Nacht von Freitag auf Samstag am Balinger Busbahnhof.

Zollernalbkreis. An einer Telefonzelle vor dem Bahnhof wurden sämtliche Glasscheiben eingeschlagen und an vier Buswartehäuschen fast alle Glassegmentscheiben beschädigt. Der Schaden dürfte mehrere tausend Euro betragen. Beschäftigte der Telekom und des städtischen Bauhofs mussten am Samstagvormittag die Glasscheiben entfernen, um eine Gefahr für Passanten zu vermeiden. Hinweise an das Polizeirevier Balingen, Telefon 074 33/264-0.

Kein schöner Anblick: Am Balinger Busbahnhof gingen erneut Scherben zu Bruch.

Erneut brach sich der Redakteur beim Bericht über zerschlagenes Glas einen ab. Kurz bevor er den Bedeutungsunterschied zwischen »zulangen« und »zuschlagen« nachschlagen konnte, zerbrach das Wörterbuch zu Wörterbruch.

Aus dem »Zollern-Alb Kurier« vom 23.12.2008

Glaskunst kommt unter den Hammer

HEILBRONN Vom 9. bis 14. März haben Kunstliebhaber die Möglichkeit, vier Skulpturen des tschechischen Künstlerpaars Stanislav Libensky und Jaroslava Brychtova im Ausstellungssaal des Trappenseeschlösschens zu besichtigen. Am 15. März kommen dann im Heilbronner Kunsthaus Fischer Raritäten wie „Head V" (34 000 Euro), „Diagonal" (28 000 Euro), „Space" (19 000 Euro) und die berühmte Plastik „Der Kuss" (15 000 Euro) unter den Hammer. Bei den angegebenen Preisen handelt es sich um Schätzpreise.

Wie viel mögen die Stücke nach der Auktion wohl noch wert sein?

Aus der »Heilbronner Stimme« vom 18.2.2008

43

Wenn die Liebe hinfällt

Mein lieber Schatz!

Für die vergangenen gemeinsamen
8 Jahre möchte ich Dir „Danke" sagen
und Dir auf diesem Wege die berühmten
3 Worte, die Du oft zu wenig hörst,
mitteilen:

„Ich liebe Dich über alles!"

Seit unser Sohn auf der Welt ist,
ist unser Glück nun perfekt. Ich freue mich
auf weitere glückliche Jahre mit Dir
und unserem kleinen Sprössling,

Deine Mandy

Einigen Frauen wird ja nachgesagt, dass sie mehr Worte (ver-)
brauchten als Männer. Auf Mandy aus Thüringen trifft dies
zweifellos zu. Sie schafft es mühelos, aus drei Worten fünf zu
machen.

Aus der »Thüringer Allgemeinen« vom 24.12.2005

auf. Die Seele des Filmes.

Zino, der griechische Einwanderer, hat eine Seele, und eine Kneipe und eine deutsche Freundin, Nadine mit langen blonden Beinen und viel Ehrgeiz, der treibt sie nach Shanghai. Und Zino hat noch einen Bruder im Knast, Illias ist Freigänger. Weil Zino nach Shanghai zu Nadine will, macht er den

Für alle, die wissen wollen, worauf Männer heute abfahren – Nadine macht es vor: Der Trend geht zum Ganzkörperblond!
Aus der »Thüringer Allgemeinen« vom 29.12.2009

darüber zu reden. Natürlich gibt es manche, die uns belächeln. Wenn man zum Beispiel jungen Menschen sagt, sie sollen erst nach der Ehe Sex haben, wird man total ausgelacht.

Kein Wunder, dass die Ehe immer unbeliebter wird.
Zitat der Münchner »Hofbräukeller«-Wirtin Margot Steinberg in der Wochenzeitung »Hallo München«

Samstag, 13. Dezember 2008, 11.00 – 18.00 Uhr

Das Seminar

„Jede Partnerschaft kann
gelingen"

fällt aus

Nachdem die Beziehungen sämtlicher Kursteilnehmer in die Brüche gegangen waren, warf Seminarleiter Herzchen frustriert das Handtuch.

Zwar fehlerfreier, aber zutiefst deprimierender Aushang in Berlin

Guten Appetit!

Manchem vergeht ja bereits bei dem Wort »Mutterkuchen« der Appetit. Ob dieses Angebot die Sache wirklich besser macht?

Aus einem »Migros«-Prospekt

HEUTE

MATJES MIT
SALAT UND
PELZKARTOFFELN
7.50

Spanien-Tourist Petersen wunderte sich: Obwohl er bewusst auf einheimische Küche verzichtet und deutschen Matjes geordert hatte, stellte sich bei ihm nach dem Essen ein pelziges Gefühl auf der Zunge ein.

Gefunden in Lloret de Mar, Costa Brava

_10€_

11. Gebackenes Händchen mit japanischem Teriyaki Sosse

Angesichts dieser japanischen Delikatesse wirkt die Empörung über chinesisches Hundefleisch geradezu abgeschmackt.

Angebot eines asiatischen Imbissstands in Kassel

Ganzes Spanferkel am Spieß gegeart
(1 Woche vorher fest bestellen)
mit 2 verschiedenen Salaten , Kartoffelpürree
& und einem Koch zum Zerlegen   pro Person 14,50€

Dieser Gastwirt wiederum hält sich gar nicht erst lange mit Händchen-Reichen auf. Offenbar hat er die Erfahrung gemacht: Reichst du dem Gast ein Händchen, dann zerlegt er dir gleich den ganzen Koch.

Speisekarte des Restaurants »Fischer's Bauerndiele« in Sottrum (Niedersachsen)

Neue Katastrophen mit Apostrophen

Die Suche nach einem geeigneten Namen für ihren Friseursalon hatte Saskia manches graue Strähnchen beschoren. Als sie sich schließlich für etwas mit englischem Look entschied, ahnte mancher im Ort gleich, dass das in die Hose gehen würde.

Aus dem Raum Fulda

Wir verstehen zwar, dass Klaus nicht für einen Klausen gehalten werden will, aber dann hätte er sich von vornherein kürzer fassen müssen. Nächst'ens machen das noch alle so!

Entdeckt in Zeitz (Sachsen-Anhalt)

Bei »Adam's und Eva's Schönheitssalon« lässt der Duden den Apostroph heute zu. Aber nicht im Plural. Wenn nämlich den Adams und Evas dieser Welt jeweils das »s« abgetrennt wird, ist mit Intimpflege kein Geld mehr zu verdienen.

Schaufenster einer Apotheke in Bad Doberan (Mecklenburg-Vorpommern)

Merke: Auch ein falscher Plural rechtfertigt den falschen Apostroph nicht! Scampi ist ja bereits die Mehrzahl; die Einzahl lautet Scampo: ein knusprigo Scampo, zwei knusprigi Scampi.

Fotografiert an den Landungsbrücken in Hamburg

Gemäß Fremdwörterbuch ist der Apostroph ein Auslassungszeichen. Er steht dort, wo etwas weggefallen ist, zum Beispiel für das »üssel« in »D'dorf«, für das »st« in »A'loch« – oder für das »e« in »nimme«.

Imperative Werbung eines Kaffeeausschanks im Hamburger Hauptbahnhof

... und natürlich für das »e« in »Gibe«! Denn wer nimme tut, muss auch gibe könne!

Gesehen im Schaufenster eines Schildermachers in Freiburg

Apostroph mit Verspätung: Für »Chris' nettes Büdchen« war
der Zug wohl schon abgefahren.

Kioskbeschriftung in Leverkusen-Rheindorf

Unterwegs in Sachen Wort-Verwurstung

Fotografiert in Filderstadt (Baden-Württemberg)

1	Chip	1,5o €
4	Chip"s	5,- €
10	Chip"s	10,- €

Für manchen scheint ein Apostroph nicht mehr auszureichen.

Preistafel eines Fahrgeschäfts auf der Kirchweih in Nürnberg-St. Leonhard

Müller`s ★ Hot ★ Dogs
Die Schärfste Hot-Dog Bude Hessen"s

Aber wird"s dadurch wirklich schärfer?

Beschriftung einer Würstchenbude in Buseck (Hessen)

Die süßen Früchte dieses Obsthändlers hatten so viele entzückte »Ahs!« und »Ohs!« hervorgerufen, dass er sich ermutigt sah, dies auf seinen Preisschildern zu vermerken.

Fotografiert im Oldenburger Einkaufszentrum »Familaland«

Alle lieben Ilse – aber keiner will s'e.

Kein Wunder: S'o eine Ilse würd ich auch nicht haben wollen!

Von einem Tagesabreißkalender 2009

Würzt Oma Ilse, ach herrje,
ihren Rotbusch-Weihnachtstee
mit Apostrophen gar zu sehr, ...

Tee-Verpackung der Firma Paulsen (Fockbek)

... dann gibt es bald kein Halten mehr!

Gesehen in Friesenheim (Baden-Württemberg)

Let's cellebrät!

Wie hieß es in dem berühmten Song der britischen Rockband Pink Floyd doch gleich? »We don't need no education!« Die Zeile hat offenbar gewirkt.

Angebot eines »Rewe«-Marktes

Das Wort »Käsekuchen« hätte es zwar auch getan, aber auf Englisch klingt es natürlich um einiges appetitlicher!

Entdeckt im »Café Wiener's« im Münchner Kaufhaus »Ludwig Beck«

Die einen trainieren wochenlang ihre Bauchmuskeln, um zu einem Sixpack zu kommen, die anderen holen es sich einfach bei der nächsten Tankstelle. Allerdings nicht immer in der handelsüblichen Schreibweise.

Werbung an einer »Esso«-Tankstelle in Hamburg

Beim obigen Beispiel ist davon auszugehen, dass die Schreibweise von »Sixpacks« bewusst verhunzt wurde. Beim unteren Beispiel bin ich mir da nicht so sicher. Dennoch lasse ich sie gerne gelten; denn sie liefert den Beweis: Sick wirkt!

Werbung des »E-Neukauf« in Staßfurt (Sachsen-Anhalt)

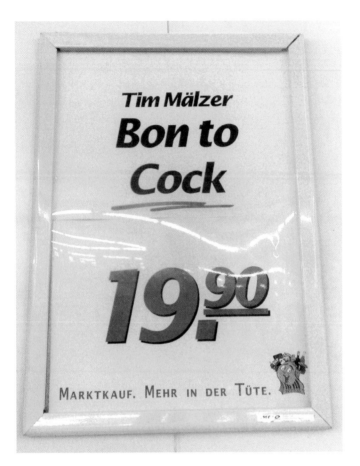

Tim Mälzers Kochbücher werden jetzt auch ins Französische und ins Englische übersetzt. Und in irgendwas dazwischen. »Bon to Cock« kann bedeuten: »Gut zum Hahn« – und das ist noch die harmloseste Interpretation.

Aus einer »Marktkauf«-Filiale in München-Unterföhring

Snacks und andere Schnacks

Das falsche Häkchen bei den Snacks hätte man besser in das akzentlose Café investiert. Davon abgesehen stellt sich die Frage, ob »Snacks« nicht besser zu »Kaffee« passen würden.

Fotografiert am Hamburger Hauptbahnhof

Dieser Wirt hat sich zwar keine unsinnigen Häk'chen aufschwatzen lassen. Trotzdem wollte er mal was anderes ausprobieren.

Beschriftung eines Imbisses in Dresden

Bemerkenswerter Versuch, ein englisches Wort über die italienische Sprache einzudeutschen, um es letztlich wie ein schwedisches aussehen zu lassen.

Fotografiert in Wiesbaden

Höflichst kann manchmal des Höflichen zu viel sein.

Gesehen in der Bonner Fußgängerzone

Obst isst mein Gemüse

Schon gewusst? Pfirsiche sind die neuen Erdbeeren!

Fotografiert auf einem Wochenmarkt in Schwäbisch Gmünd (Baden-Württemberg)

Die Genforschung macht's möglich: Neben den handelsüblichen Zitronen aus Schaumstoff oder Plastik gibt es nun auch welche auf pflanzlicher Basis! Zum Beispiel mit Erdbeergeschmack. Oder mit Karottensaft.

Säuerliches Angebot eines Reformhauses in Kassel

Der Norddeutsche liebt nicht nur Matjes und Krabben, sondern auch Spargel – und zwar küstenweise!

Gesehen auf einem Spargelhof in Beelitz (Brandenburg)

Im Bemühen um verbesserten Service setzt der Einzelhandel seit Kurzem auf persönlichere Formen der Kundenansprache. Neben dem gezeigten Beispiel gibt es auch Schilder mit dem Aufdruck »Möhrchen, Süße!«, »Erbsen, Kleine!« und »Tomaten, Alda!«.

Gefunden in einem »Tengelmann«-Supermarkt in Neu-Isenburg (Hessen)

Wenn man mehr Frauen ins Geschäft locken will, so erkannte der Inhaber dieses Obst- und Gemüseladens im sächsischen Colditz, dann braucht man kein Schaufenster, sondern ein Schuhfenster!

Salatschüsse gehören zum festen Bestand des Barockfestes.

Im Barock wurden anstelle der später üblichen Tontauben beim Schießsport noch Salatköpfe in die Luft katapultiert. Die flogen träger und waren leichter zu treffen.

Aus dem Hagenower »Elbe Express« vom 13.5.2009

Weise Wintersteckzwiebeln
Silvermoon
250 Gramm - Größe 10/21

Gegen Dummheit sei kein Kraut gewachsen, sagen Sie? Dann probieren Sie doch mal diese Zwiebeln, vielleicht helfen die ja was!

Nach kernlosen Trauben und hülsenfreien Hülsenfrüchten hier der neueste Schrei: wiederverschließbare Oliven! Damit reagierte die Lebensmittelindustrie auf einen immer häufiger geäußerten Konsumentenwunsch. Zugleich schuf sie Arbeitsplätze: In andalusischen Kellern sitzen derzeit Hunderte emsige Arbeiterinnen und nähen im Akkord den Oliven winzige Reißverschlüsse an.

Helene hat heute frei. Aber dafür ist Williams da!*

Verpackung aus dem Sortiment des österreichischen Fruchtsaftproduzenten Rauch

* Williams Christ ist der Name einer Birnensorte, aus der ein Obstbrand gleichen Namens gewonnen wird. »Birne Helene« ist ein Nachtisch mit Birne, Vanilleeis und heißer Schokolade.

Handwerk hat goldenen Boden

Design Malerbetrieb

Kompetent&Zufälessig&Preiswert

Das Design ist Geschmackssache. Der Preis ist Verhandlungs-sache. Nur mit der Zuverlässigkeit ist es offenbar Essig.

Autowerbung, fotografiert in Pfinztal (Baden-Württemberg)

Bei näherer Betrachtung dämmerte dem Malermeister, dass er bei der Wärmedämmung wohl etwas zu dick aufgetragen hatte.

Fotografiert in Heusenstamm (Hessen)

In wirtschaftlich schwierigen Zeiten sind Flexibilität und Vielseitigkeit gefragt. Zwei Beispiele: Dieser Monteur betreibt gleichzeitig eine Detektei, ...

Trotz raffinierter Verschattung entdeckt in Tostedt (Niedersachsen)

... während sein Kollege einfallsreich auf die wachsende Nachfrage nach häuslicher Beisetzung reagiert.

Von einem Werbe-Faltblatt aus Kamp-Bornhofen (Rheinland-Pfalz)

Hier könnte Ihre Anzeige stehen

Achtung Fahrschulen! Suchen Sie eine Bürokraft, die Ihre Schüler betreut und sauber macht? Rufen Sie an: 0931/

Da hat jemand eine Marktlücke entdeckt!

Aus der Wochenzeitung »primaSonntag« (Nürnberg)

senden Markt der Erfrischungsdienstleistungen. Für unseren Watercooler- und Quellwasserservice suchen wir ab sofort eine engagierte

Sektretärin für die Geschäftsleitung

Wenn Sie flexibel sind, in einem jungen Team arbeiten möchten und nachfolgende Voraussetzung mitbringen:

Um in Form zu kommen, hatte Elke sich bereits zum Frühstück mehrere Piccolöchen genehmigt. Eine halbe Stunde vor dem Vorstellungsgespräch köpfte sie eine frische Flaschenet. Als die Geschäftsleitung sie hereinrief, war sie in aaallerbester – Hicks! – Laune. »Prösterchen, meine Herren!«, lallte sie, ehe ihr übel wurde und sie sich spontan in den Benjamini erbrach.

Aus dem »Schwarzwälder Boten«

Friseurlehrling

sucht Herren zum Schneiden
und Damen zum Einlegen. Telefon 0 75 41/   ,werktags
18.30 bis 19.30 Uhr, Sa. 14.30
bis 16 Uhr

Detlef wollte erst »zum Einwickeln« schreiben, aber seine Mut-
ter hatte ihm davon abgeraten.

Laberarbeiter/innen

in Vollzeit, zunächst befristet bis 1.12.
09 per sofort gesucht. Die Tätigkeit
beinhaltet Auszeichnen, Kommissio-
nieren, Verpacken, Retourenbearbei-
tung, PC-Kenntnisse v. Vorteil.
Ihre vollständigen Bewerbungsunter-
lagen senden Sie bitte an:
Buchpartner AG-Logistik

Verlockendes Stellenangebot für Absolventen der Soziologie
und Politologie.
Aus dem »Darmstädter Echo«

... die sich nicht nur im Verkauf, sondern auch im Bereich Schaufensterwerbung/Beschriftung engagiert!

Fotografiert in der Mariahilfer Straße in Wien

Kellner

25 Jahre, Englischkenntnisse, motiviert, arrangiert, ehrlich, sucht ab Dezember 2007 neue Anstellung im Service, Theke, Café oder Restaurant...

☎ 0177/

Hier wurde en passant das Fremdwörterrepertoire neu arrangiert.

Aus dem »Schweinfurter Tagblatt«

Servierte Putzfrau

bietet exakte Haus- u. Treppenreinigung.
Beste Referenzen, gern 14-tägig.
Tel.0163/

Wenn ihr Reinigungsdienst so versiert ist wie ihre Wortwahl exakt, dann versteht man, warum man diese Putzfrau nicht 14-täglich (= alle zwei Wochen), sondern 14-tägig (= zwei Wochen lang) buchen soll.

Aus dem »Tagesspiegel«

Bulgarin (Kartenlegerin) sagt Ihnen die Vergangenheit und Zukunft voraus. ☎ 0211/

Diese Dame ist ein echtes Phänomen!

Aus dem »Rheinboten«

Inserat Horst Schlämmer Stimmimitator

Datum: 14.08.09
Name: Petra

Text: Wer kann Horst Schlämmer irritieren und dies auch jemanden beibringen? Bezahlung VB,Gruß, Petra

Schätzelein, wenn du Horst Schlämmer aus dem Konzept bringen willst, musste dir schon was Besseres einfallen lassen! Es sei denn, »VB« steht für »Viel Besser«. Weiße Bescheid?!

Von einem Internetportal für Arbeitsangebote

Besseres Deutch!
Mehr Chanch!

IM BLICKPUNKT

Besseres Deutsch für bessere Chanchen

Eltern aus Zuwandererfamilien sollen noch einmal auf die Schulbank

Gute Nachricht für alle Benachteiligten: Wer bislang zu wenig Chancen hatte, konzentriere sich ab sofort auf seine Chanchen!

Aus dem »Hellweger Anzeiger« vom 10.7.2009

Germanistig-Stud. f. wissenschaftl.
Korrekturab.ges. ☎ 0151/

Selbsterklärender Korrekturbedarf

Aus der »Braunschweiger Zeitung« vom 9.1.2010

Ist dein IQ höher als Ihres?
Nimm am Quiz teil und finde es heraus

Wofür steht noch mal IQ? Internationaler Quallenzüchterverband? Interessengemeinschaft Quecksilberverarbeitung? Ganz bestimmt jedoch nicht für »Internet-Qualität«.

Gefunden auf www.i-tv.com

Kontakt

Kontaktperson versteht folgende Sprachen:

- Deutsch
- Englisch
- Italienisch
- Frau

Glauben Sie, es ist ein Zufall, dass die Wörter »Fremdsprachen« und »Frauenverstehen« beide mit einem »Fr« beginnen?

Von der Internet-Seite www.ferien-miete.de

Erwarten Sie mehr, als Sie erwarten.

Mehr Qualität.

Wir achten immer auf erstklassige Materialien und eine gute Verarbeitung. Jedes unserer Produkte wird außerdem von einem unabhängigen Institut geprüft.

Mehr Kometenz.

Zur besseren Orientierung beim Kinderschuh-Kauf haben wir das 3E-Kinderschuh-System eingeführt. Mit modernen Fußmess-Scannern ermitteln wir die Echtgröße und Echtform Ihres Kindes und finden so den Schuh, der echt passt.

Angesichts des kometenhaften Niedergangs der sprachlichen Qualität regten sich bei vielen Kunden Zweifel, dass dieser Laden jemals in der Lage sein würde, die Echtform ihrer Kinder zu ermitteln.

Werbung eines Schuhgeschäfts in Reutlingen

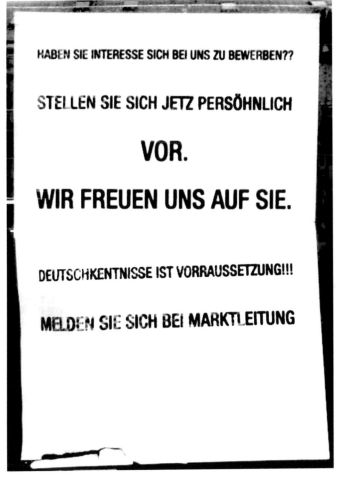

HABEN SIE INTERESSE SICH BEI UNS ZU BEWERBEN??

STELLEN SIE SICH JETZ PERSÖHNLICH

VOR.

WIR FREUEN UNS AUF SIE.

DEUTSCHKENTNISSE IST VORRAUSSETZUNG!!!

MELDEN SIE SICH BEI MARKTLEITUNG

In manchen Supermärkten gibt man auf korrektes Deutsch keinen Penny, in anderen durchaus.

Inserat im Schaufenster einer »Penny«-Filiale in München

Wir sind Urlaub

»Wir haben heute zu« auf Viamesisch.

Fotografiert in Magdeburg

Die Steigerung von »Wir sind Deutschland« und »Wir sind Papst«:

Fotografiert in Doberlug-Kirchhain (Brandenburg)

Heißt es nicht, man fährt in die Ferien? Dann kann man sie doch auch so schreiben!

Hinweis einer Pizzeria in Markdorf (Baden-Württemberg)

Aus gesundheitlichen Gründen ist unser Geschäft bis zur unbegrenzten Zeit geschlossen!

Man kann nur hoffen, dass es dem Besitzer inzwischen besser geht und er sein Geschäft bald wieder bis zur bestimmten Dauer öffnen kann!

Fotografiert in Gemmrigheim (Baden-Württemberg)

WIR SCHLIESSEN NUR NOCH 12 TAGE

Das ließ die Ganoven der Gegend frohlocken: In zwölf Tagen würde ihnen der gesamte Laden offenstehen ...

Kundeninformation eines Schuhgeschäfts in Braunschweig

Bedingt durch die Wirtschaftskrise sehen sich immer mehr Einzelhändler zu drastischen Maßnahmen veranlasst:

Schießwütiges Herrenbekleidungsgeschäft in Berlin

Weil in der Einkaufsstraße von Graben-Neudorf immer wieder Passanten von plötzlicher Übelkeit befallen wurden, kam einem Ladeninhaber eine famose Geschäftsidee hoch.

Fotografiert in Graben-Neudorf

DER PREIS KANN UNTERWEGS
HERUNTER FALLEN.

WENN SIE DASS NICHT GEFÄLLT.
BITTE NICHT MITSPIELEN.

DANKE

Hier mag mancher allein schon deshalb nicht mitspielen, weil er
die Grammatik auf dem Schild nicht gefällt.

Fotografiert auf einem Weihnachtsmarkt in Berlin

Wir sind ungezogen
Neue Adresse:
Voßstraße 3, Heidelberg-Bergheim

Nach langer Zeit kam die SM-Szene von Heidelberg-Bergheim durch einen vielversprechenden Neuzugang wieder in Schwung.

Da Peppo-Weihnachsfeier am Freitag, den 22.12.2006
Jeder Gast bekommt ein Los gratis!

Am 24.12. und 25.12. haben wir geschlossen.
Wir wünschen unseren Gästen frohe Weihnachten.
Ab 26.12. sind wir wieder zu den gewöhnten Öffnungszeiten für Sie da!
Großes 5-Gänge-Silvester-Menü
Renovierungen sind erbeten.
Kein Menüzwang.
Am 1.1.2007 durchgehend geöffnet.

Seit Wochen freuten sich Peppos Freunde auf Silvester; an diesem Abend würden sie in seinem Restaurant endlich mal wieder nach Herzenslust sämtliche Wände streichen und neue Fliesen verlegen können.

Werbung eines Münchner Restaurants

Grüße aus
dem Ausland!

Nachdem deutsche Touristen in Brasilien immer häufiger durch starken Mundgeruch aufgefallen waren, hat man nun an einigen Stellen entsprechende Schilder angebracht.

Hinweistafel in Recife (Brasilien)

Da hat lustiges Schild? Stellen wir uns lieber vor, dass der untere Teil der Tafel abgebrochen ist, auf dem das Wort »selbstverständlich« stand.

Gesehen in Seui (Sardinien)

Zwar vermochten die spanischen Veranstalter nicht, das scharfe »s« korrekt darzustellen, doch gelang ihnen dafür eine verblüffend zutreffende Beschreibung deutscher Trink- und Feiergewohnheiten.

Bierfestwerbung in Puerto de la Cruz (Teneriffa)

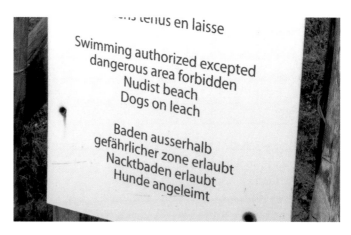

Während Nackedeis willkommen sind, fühlen sich Hundebesitzer hier richtig geleimt!

Fotografiert am Strand von Erdeven (Frankreich)

Cijenjeni kupci

MOLIMO DA PRI ODLASKU
POKAŽETE BLAGAJNICI SVOJE
VREĆICE
HVALA !

BEIM VERLASSEN DES GESCHATES
ZEIGEN SIE, BITTE, DER KASSERERIN
DIE TUTTEN
DANKE !

BORSE ALLA CASSA PRIMA DI USCIRE
VI PREGHIAMO DI MOSTRARE LE VOSTRE
GRAZIE !

THE CASHIER YOUR BAGS
ON YOUR WAY OUT, PLEASE SHOW
THANKS !

KONZUM

»Dieser Laden ist die Wucht in Tüten!«, dachte Tourist Florian S. und bewarb sich noch am selben Tag um einen Ferienjob als Kassererin.

Hinweistafel in einem Supermarkt auf der Insel Krk (Kroatien)

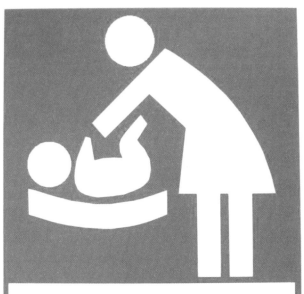

FASCIATOIO
TABLE CHANGEANTE
CHANGING TABLE
ÄNDERNDE TABELLE

Reichlich verwickelte Übersetzung auf einem italienischen Campingplatz

NEM SZOBATISZTA GYEREKEK
CSAK A KÖR ALAKÚ PANCSOLÓ-
MEDENCÉBEN, ZÁRT FÜRDÕRU-
HÁBAN FÜRÖDHETNEK !

KEINE STUBENREINEN KINDER
DÜRFEN NUR IM GESCHLOS-
SENEN BADEANZUG IM
KREISFÖRMIGEN PLATSCHEN-
BECKEN BADEN !

Da das Platschenbecken ständig überlief, beschloss die Hotel-direktion, zusätzliche Kurse zum Thema »Wie bekomme ich mein Kind stubenrein?« anzubieten.

Hinweistafel in einem Freibad in Ungarn

Autsch!

Nach dem großen Erfolg des Krawatten-Reißwolfs, der Finger-kuppen-Schere und des Kopfhaut-Tackers wurde die Palette beliebter Spaßutensilien für den Büroalltag um ein Produkt erweitert:

Hand-Schredder
Einsteckbreite max. 229 mm
Schneidleistung max. 1 Blatt
3mm Streifenschnitt
Auffangvolumen: 2 l
Maße(BxHxT): 28x16x12 cm

Angebot eines »Mäc-Geiz«-Warenhauses

Hand-, Frucht- und Beerenpresse
· Handgerät für Säfte, Trauben und Äpfel
· Mit Zwinge für Tischbefestigung
· Press-Sieb rostfreier Edelstahl
· Grauguss, feuerverzinkt
· Auch für Weizengras
· 29 x 33 x 11 cm

~~33,90~~
24,95

JUPITER

Einige Folterinstrumente haben auch nach Jahrhunderten nichts von ihrer Eleganz und Formschönheit eingebüßt. Diese rostfreie Kurbelpresse mit Zwinge ist ein echter Klassiker. Verdächtige wurden damit so lange bearbeitet, bis sie gestanden. Daher kommt der noch heute übliche Ausdruck »jemanden ausquetschen«.

Aus einem Werbeprospekt des Haushaltswarengeschäfts »Kochteam« in Heroldsberg (Bayern)

Nerzöl: für eine gute genähte und schöne Haut!

Eigenschaften von Nerzöl:
• *vitaminreich*
• *nährt und schützt die Haut und macht sie weicher.*

Dese Creme, die mit Nerzöl angereicht wurde, das für seine nährenden und aufbauenden Eigenschaften bekannt ist, kann dazu beitragen, Fuchtigkeitsverlust und Verlust der Dehnfähigkeit der Epidermis zu bekämpfen. Eine tägliche Pflege, leicht parfümiert, die der Gesichtshaut helfen kann, sich vor Wettereinflüssen zu schützen. Tiegel mit 50ml.

Pflege mit Nerzöl   Bestellnr. 1136.118 .....9.95€

Heile, heile, Segen: Hände, die in den Schredder oder in die Handpresse geraten sind, können nach dem Zusammenflicken mit diesem Nerzöl wieder ganz gesund gepflegt werden.

Aus der Zeitschrift »Temps L«

Schnipp, schnapp (Nip/Tuck)

Wenn dir dein Äußeres gründlich gegen den Lidstrich geht, wenn es dir Unterkante Oberlippe steht, dann ist es Zeit für einen beherzten kosmetischen Eingriff!

Augenbrauen färben_____

Wimpern färben_____

Oberlippen entfernen_____

Herren

Im Schaufenster eines Friseursalons in Soest (Nordrhein-Westfalen)

All denjenigen, die sich mit Botox-Spritzen und anderen haut-
straffenden Maßnahmen nicht mehr zufriedengeben, empfeh-
len wir unser Komplett-Paket:

Zusatzdienstleistung:
Wimpernfärben
Augenbrauenfarben
Augenbrauenzupfen
Neuform des Augenbrauen
Bart enfernen mit Faden
Komplett Gesichtentfernung

Angebot eines Schönheitssalons in Bad Cannstatt (Baden-Württemberg)

Fragen Sie
Ihren Arzt oder
Apotheker

»Herr Doktor, erst hatte ich einen üblen Schnupfen mit Eukalyptus, dann eine Darmverstopfung mit Kamille und nun dieses!«
Etikett einer Arzneimittel-Flasche

Vergessen Sie Viagra! Das neue Wundermittel heißt Silomat! Der Name klingt zwar eher nach einem Geschirrspülmittel, dafür ist es erheblich günstiger und wirkt ganz nebenbei auch gegen Husten.

Anzeige auf einer Hauswurfsendung

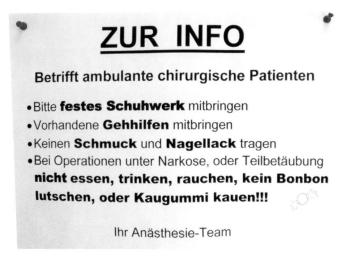

ZUR INFO

Betrifft ambulante chirurgische Patienten

- Bitte **festes Schuhwerk** mitbringen
- Vorhandene **Gehhilfen** mitbringen
- Keinen **Schmuck** und **Nagellack** tragen
- Bei Operationen unter Narkose, oder Teilbetäubung **nicht essen, trinken, rauchen, kein Bonbon lutschen, oder Kaugummi kauen!!!**

Ihr Anästhesie-Team

Wie ärgerlich! Renate K. hatte ihrem Mann zu seiner Bypass-OP extra ein dickes Lunchpaket zurechtgemacht, weil sie wusste, dass er während des dreistündigen Eingriffs bestimmt Hunger bekommen würde. Nun durfte er dabei aber nicht mal eine Zigarette rauchen!

Fotografiert im Kreiskrankenhaus von Hofheim (Hessen)

Hand Infektionsspray
15ml

Stück

2,⁹⁹

1453414

Kürzlich hat der Pharmakonzern »Hand« ein neues Spray zur Selbstverteidigung auf den Markt geworfen. Derzeit wird geprüft, ob es eventuell unter das Biowaffen-Verbot fällt.

Grippenalarm

Irrer wollte Grippe auf Petersplatz zerstören

Rom. – Großer Aufruhr auf dem Petersplatz: Ein verwirrter Mann hatte die Sicherheitsschleusen umgangen und stürmte auf die Grippe im Vatikan zu. Ziel: Er wollte die Figuren zerstören. Die Polizei konnte ihn festnehmen.

Das beherzte Vorgehen eines engagierten Virologen, der eine im Vatikan grassierende Grippe auszulöschen versuchte, stieß bei den Behörden auf wenig Verständnis.

Aus der »Kronenzeitung« vom 01.01.2010

Für eine neu entstehende Kindergrippe
suchen wir zum 15. 8. 2009

Erzieher m/w (Voll-&Teilzeit)
Sozialassistenten m/w
Kinderkrankenschwestern
Praktikanten m/w

Bewerbungen bitte bis zum 30. 6. 2009 an:
valeo-Das Familiengesundheitszentrum

Für die Schweinegrippe interessiert sich keine Sau mehr, denn längst sind neue Grippeviren aufgetaucht, die eine noch viel schlimmere Bedrohung für unser Gesundheitssystem darstellen. Diesmal trifft es vor allem unsere Gleinen!

Weihnachtsgrippe ohne Figuren
zu versch. Tel. (0 70 22)

Hoffentlich wird diese Grippe wenigstens ihrem Namen gerecht und hat sich bis Silvester wieder verzogen!

Aus der »Nürtinger Zeitung«, Oktober 2007

Aus dem Feinkostregal

Unsere Brotempfehlung

Kürbiskruste

Roggemmischbrot mit kernigem Schrott
und vielen nussigen Kürbiskernen

BiO

500 g **2.**⁷⁵ €

Für dieses Brot brauchen Sie wirklich harte Zähne! Wer gerne Kugelschreiber zerkaut und auf Büroklammern herumlutscht, wird von diesem Angebot begeistert sein.

Werbung einer Bäckerei in Frankfurt am Main

Die armen Dosen! Hoffentlich haben sie davor wenigstens ein glückliches Leben gehabt!

Fotografiert in Rheinsberg (Brandenburg)

Da brat mir einer einen Storch! Oder backe mir einen Sachsenstollen! Und zwar keinen Vor- und keinen Ober-, sondern einen Nieder-! (Und wenn's mir schmeckt, dann gerne wieder!)

Werbung einer Bäckerei in Hildesheim

Premium Qualität

Basilikum Lachs

mit Senf-Honig Sauce in Scheiben

marinierte Lachsspezialität mit feinem Basilikum-Rand

Das Prädikat »Premium Qualität« wurde nicht etwa für die beharrliche Unterdrückung von Binde Strichen verliehen, sondern für die einmalige Fähigkeit, Soße aus Senf-Honig in Scheiben zu schneiden.

Aus dem »Aldi«-Kühlregal

SEIDEL

Apfelmus mit Birne,
Silberzwiebeln oder Suppen-
gemüse aus rheinischen
Anbaugebieten, z.B. Apfelmus
mit Birne. Abtropfgewicht 570 g,
Kilopreis 2,96   580 ml Glas

1.69

Apfelmus mit Suppengemüse? Was hier sprachlich zusammengepanscht wurde, sollte besser nicht in Gläser abgefüllt werden!

Aus einem »Rewe«-Prospekt

Schweinefreies Schweinefleisch

In ernährungsbewussten Zeiten sind vor allem »ohne«-Produkte gefragt: Kartoffelchips ohne Kalorien, Joghurt ohne Fett, Pommes ohne Majo, Wasser ohne Kohlensäure. Hier ein weiteres Diät-Angebot:

Schweine-Nacken ohne Nacken
tiefgekühlt, vak. verpackt

2.⁹⁹ kg

Aus einem Werbeprospekt des »C&C Schaper«-Großmarktes in Nienburg an der Weser (Niedersachsen)

Schweinenacken, vom
Rind mit Knochen

kg **2,29 €**

Raffinierter Versuch eines Metzgers, die muslimische Kundschaft zum Kauf von Schweinefleisch zu bewegen ...

Aus dem Werbeprospekt einer Metzgerei in Koblenz

Billiger wird's nicht

Hiernach dürften sich wohl die wenigsten Kunden die Finger schlecken. Denn wer von solchen Preisstürzen Nasenbluten bekommt, dem ist mit einer Großpackung Taschentücher kaum geholfen.

Gesehen in einer »Schlecker«-Filiale in Staßfurt (Sachsen-Anhalt)

Der große Erfolg des Films »Keinohrhasen« bringt immer neue Merchandising-Produkte hervor.

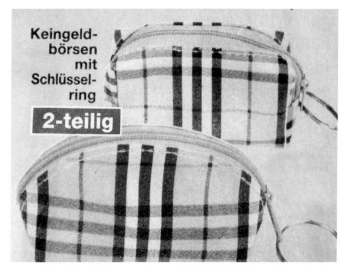

Aus einem »Edeka«-Prospekt

In Zeiten rücksichtslosen Ellenbogendenkens gibt es jetzt endlich ein Gerät, mit dem man Nachsicht üben kann.

Fotografiert in einem »Aldi«-Markt in Bünde (Nordrhein-Westfalen)

Gewiegt, gewogt, verschaukelt! Die herkömmliche Wohnwaage reicht heute nicht mehr aus; wer seine Besitztümer wirklich (ge)wichtig nimmt, kauft die dazu passende Fahrzeugwaage!

Fahrzeugwaage PCE-CWC, ideal für Wohnwaagen

Preiswert und genaue Fahrzeugwaage (Caravan, Reisemobil ...) mit einem maximalen Wägebereich bis zu 1000 kg (pro Rad)

- Bereich bis 1.000 kg pro Rad
- addiert automatisch alle Einzellasten
- großes Display
- mobil durch Batteriebetrieb
- geeignet für PKWs, Lieferwaagen, Reisemobile, Caravans und Anhänger

Aus einem Werbeprospekt mit einer ziemlich gewaagten Rechtschreibung

Ein Aquarium, das sein Wasser nicht halten kann, würde ich nicht haben wollen, selbst wenn es mir hinterhergeworfen würde! (Wenn ich's mir recht überlege, würde ich es dann sogar erst recht nicht haben wollen.)

Aus dem »Anzeiger für Harlingerland«

Vorbildliches Recycling? Hier bekommt die angestaubte Altklei-
dersammlung einen ganz neuen Kick!

Gesehen in Rottenburg am Neckar (Baden-Württemberg)

Endlich gibt es spezielle Unterwäsche für Angsthasen und Bang-büxen. In den benutzerfreundlichen Farben Beige, Espresso-Braun und Dunkel-Mahagoni.

Angebot aus einem »Real«-Markt in München

Das Land, wo die Zitronen blühn

Wenn Sie von Turnesien begeistert waren und Spaß auf der Insel Greta hatten, dann könnte Ihnen auch dieses Reiseziel gefallen!

Regalbeschriftung in einem Buchladen in Sankt Augustin (Nordrhein-Westfalen)

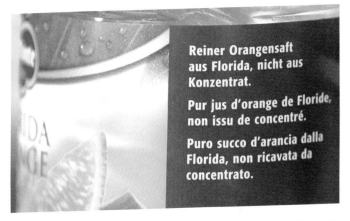

Reiner Orangensaft
aus Florida, nicht aus
Konzentrat.

Pur jus d'orange de Floride,
non issu de concentré.

Puro succo d'arancia dalla
Florida, non ricavata da
concentrato.

Da viele Verbraucher die Länder Florida und Konzentrat verwechseln, entschloss sich der Orangensafthersteller zu einer deutlichen Klarstellung.

Etikett einer Orangensaftflasche der Marke Del Monte

Sportlich, sportlich!

Die 80er-Jahre brachten uns Jogging und Aerobic – und die dazu passende Mode: hauteng und dehnbar – sowohl was das Gewebe betrifft als auch die Schreibweise.

Fotografiert auf dem Frühlingsmarkt in Ulm

Okay, legen S' das ab unter »Nicht so wichtig«. Die Beine kann man natürlich noch auf andere Weise trainieren, zum Beispiel bei einer Gruppenwanderung im Hochgebirge. Und auch dafür gibt es die passende Sportbekleidung. Wird auch gerne von Landwirten genutzt, denn diese Hose eignet sich besonders gut zum Tregger-Fahren.

Aus einem »Real«-Markt in Leverkusen

Schupperkurs
durch Nordic Walking
Trainer der NWU
am Samstag
7. April 2007
15:00 Uhr

In den 90er-Jahren kam eine neue beliebte Sportart auf: Beim sogenannten Nordic Walking reiben und schuppern sich die Teilnehmer aneinander; das fördert die Durchblutung und sorgt dafür, dass allen wohlig warm wird.

Aushang in einem Sportmodehaus in Stuttgart

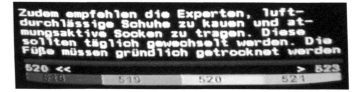

Nicht nur Bauch- und Rückenmuskeln sollten regelmäßig trainiert werden, sondern auch die Kaumuskeln. Dabei spielt die Wahl des geeigneten Schuhwerks eine wichtige Rolle.

Videotexttafel der ARD

Eine weitere Modesportart ist das Kleintiergolf (nicht zu verwechseln mit Minigolf). Dabei werden anstelle von Golfbällen Meerschweinchen oder Hamster durch die Luft geschlagen. Bei einer zielnahen Landung putten sich die possierlichen Golftierchen selbstständig ein.

Golfhamster m. Käfig
in gute Hände zu verschenken. ☎ (07904)

Aus dem »Haller Tageblatt« vom 8.4.2009

Bei so viel sportlicher Betätigung kommt man schnell ins Schwitzen. Dann braucht man dieses praktische Accessoire, made in Schwitzerland:

Gesehen an der Strandpromenade in Travemünde (Schleswig-Holstein)

Spielbeweglich

Ich mag die Sprache wie das Spiel
Und bin ein Freund von Playmobil!
So erklärt sich auch der Titel
Für dies folgende Kapitel.

Übrigens: Das Foto hier
Steht allein zur reinen Zier.
Fehler gibt es nicht darin.
(Nur dass ich nicht Noah bin.)

Aufgenommen im Playmobil-Funpark in Zirndorf (Bayern)

Zum erfolgreichen Großhändler in 24 Tagen. Lektion eins: Übersetzen Sie »Playmobil-Adventskalender« in eine andere Sprache, z. B. Schwedisch (oder etwas, das so ähnlich aussieht). Schreiben Sie es auf eine Tafel und stellen Sie diese in einem Großmarkt in Süddeutschland auf. Beobachten Sie die Reaktionen Ihrer Kunden.

Entdeckt in einem »Metro«-Großmarkt in Gundelfingen (Baden-Württemberg)

Tim und Niklas sind stinksauer: Warum gibt es ein Playmobil-Schiff für Nils und keines für sie?

Gefunden im »Kaufhof« in Bottrop

Kinder und Verwachsene

Kempinski für Kinder / *Kempinski for kids*

Frühstücks-Eier in Kindergröße
auf Wunsch mit Mini-Würstchen
Children-sized eggs served with small sausages.

Auf dem Höhepunkt der Dino-Welle gab das ehrenwerte »Kempinski« bekannt, dass es ab sofort beim Frühstück für alle kleinen Gäste eine riesengroße Überraschung bereithalte!

Von der Frühstückskarte des »Kempinski« in Heiligendamm (Mecklenburg-Vorpommern)

Kinderflohmarkt

Kinder verkaufen
statt wegzuwerfen

BAD SAULGAU (sz) - Es wäre doch schade, gebrauchsfähige Spiel-, Musik-, Sportsachen oder Bücher einfach wegzuschmeißen. Der Bad Saulgauer

Mit einer bislang einzigartigen Initiative versucht man in Bad Saulgau die unsachgemäße Entsorgung von Kindern in den Griff zu bekommen. Schon nach kurzer Zeit war eine deutliche Belebung der Flohmärkte zu verzeichnen.

Aus der »Schwäbischen Zeitung« vom 18.07.2009

Hörbücher
Verwachsene

nk Hebel Kleist Hauff

selgeschichte

Märchen aus 1001 Nacht

Hörbücher
Kinder

Umgehend erweiterte die Hörbuchbranche ihr Programm, nachdem sie quasi (modo) eine neue Zielgruppe entdeckt hatte.

Aus dem Prospekt eines Kaufhauses in Papenburg (Niedersachsen)

Nur für Mini-Golfgäste

Nach Anbringen des Schildes gingen die Beschwerden über große Golfgäste, die den kleineren die Parkplätze wegnahmen, schlagartig zurück.

Gesehen in Dänisch-Nienhof (Schleswig-Holstein)

Mit gutem Beispiel voran

Mehr Kindergeld und Bußgeld für Verkehrsdelikte

Bundesrat erhöht Strafrahmen

»Festhalten!«, rief Ingrid K. ihren drei Kindern zu und drückte das Gaspedal durch, »da vorne ist 'ne Radarfalle! Wenn wir geblitzt werden, gibt's zu Weihnachten einen neuen Fernseher!«

Aus der »Lausitzer Rundschau« vom 20.12.2008

Müll sammeln und gemeinsam essen

Gemeinde lädt zu Landschaftspflegetag ein

MORSCHEN. Die Gemeinde Morschen lädt zu einem Landschaftspflegetag ein. Vereine aus allen Ortsteilen und interessierte Einwohner sind eingeladen, etwas für die Umwelt zu tun.

Neben dem Beseitigen von Müll geht es um das Zurückschneiden und Pflanzen von Sträuchern, Büschen und Bäumen.

Für die Helfer bereitet die Feuerwehr Altmorschen ein

Die Wirtschaftskrise zwingt viele Gemeinden zu außergewöhnlichen Maßnahmen. Im hessischen Morschen wurde in einer bislang einmaligen Aktion eine neue Form des Recyclings erprobt.

Aus der »Melsunger Allgemeinen« vom 22.10.2009

Der Bahnhof in Buxtehude ist alles andere als ein Aushängeschild und soll nun durch einen runden Tisch attraktiver gemacht werden.

Der Tisch ist freilich nur der Anfang. Das Verschönerungskonzept sieht außerdem dazu passende Stühle und Bänke sowie einen neuen Fußbodenbelag vor.

Aus dem »Hamburger Abendblatt«

Glühwein für Kinder in Not

CDU überreicht Erlös aus dem Glühwein-Verkauf

Nach den überaus erfolgreichen Aktionen »Champagner für Haiti« und »Prosecco für Äthiopien« haben Lokalpolitiker einen weiteren Vorwand gefunden, Alkoholkonsum zur bürgerlichen Tugend zu erheben.

Aus dem »Super-Sonntag« (Kreis Heinsberg)

141

Auf den Hund gekommen

-Spiaggia riservata ai possessori di cani
-Strand reserviert fur die chef von hund
-Beach reserved to dog owners
-Plage reservèe aux proprietaires des chiens

Erfüllen Sie sich Ihren Traum, werden Sie Chef! Kaufen Sie sich einen Hund und kommen Sie nach Bella Italia! Hier ist für Sie ein eigener Strand reserviert!

Fotografiert am Lago di Mergozzo (Italien)

Mein Hund sieht in letzter Zeit gar nicht gut aus. Gestern hat er sich auf dem Sofa erbrochen! Am Futter kann's doch wohl nicht liegen, oder?

Anzeige aus »Die Glocke« (Ostwestfalen)

Notfall, eine von unseren Tier-schutznotfällen, Mischlingshün-din, 2 J., mittelgroß...bekommt jeden Tag Welpen...Wer also hel-fen will mit Sach- o. Geldspenden (Decken, Zubehör, Futter usw.) bitte unter mel-den, danke!

Rekordverdächtige Hündin: Täglich ein neuer Wurf!

Kleinanzeige im »Amper-Kurier«, Fürstenfeldbruck, vom 14.10.2009

Das Tierheim feiert am 3. Mai sein 15-jähriges Bestehen mit dem 10. Mischlingshunderennen. Foto: Tierheim

Auch in diesem Jahr machte Mischlingshündin Renate wieder das Rennen!

Aus dem »Wochenspiegel«, Königs Wusterhausen, vom 15.4.2009

Hilfe, hier spricht die Polizei!

POLIZEI Hamburg
Sicherheit geht alle an

durch ein Fenster eingestiegen, dessen Gitterstäbe auseinander gebogen waren. Beim ersten Mal wurden einen <u>Videobeamter</u>, eine Stereoanlage und ein Tresor mit Geld entwendet. Die Beute konnte allerdings bei der Wohnungsdurchsuchung der 17- bis 22-jährigen Täter nicht gefunden werden.

Die Entwendung des Videobeamten war insofern einfach, als dieser während seiner Dienstzeit tief und fest schlief und von dem Einbruch überhaupt nichts mitbekam.

Gefunden im »Hanse Journal«

Urteil

Vier Jahre Haft für toten Polizeihund

Wer hätte das gedacht? Am Ende entpuppte sich Kommissar Rex als derart bösartig, dass die Richter sich mit seiner Erschießung allein nicht zufriedengaben.

Internet-Fundstück vom Windows Live Messenger

ren. Die Polizei bittet diese hilfsbereiten Zeugen, sich bei ihr zu melden (Telefon 06151 969-0). Der Täter war unter anderem ein gelb-schwarz gestreiftes Langarmshirt. Ein zweiter Gleichaltriger, etwa 1,70 Meter groß, soll ihn begleitet haben. *bif*

Sei auf der Hut vor gelb-schwarz gestreiften Langarmshirts! Die sehen auf den ersten Blick vielleicht nett aus und geben vor, pflegeleicht und farbecht zu sein – aber im nächsten Moment schlagen sie dich k.o. und brennen mit deiner Jeansjacke durch!

Aus dem »Odenwälder Echo«

Die Polizei auf dem Laufsteg: Ab heute können sich die Bürger auf den Straßen ein Bild machen. Foto: dpa

Polizisten gehen blau auf Streife

Das staatliche Programm zur Integration von Alkoholikern im öffentlichen Dienst fand in Krefeld und Mettmann großen Anklang. Die Zahl der Bewerbungen für eine Polizeilaufbahn war in diesem Jahr so hoch wie nie zuvor.

Aus der »Westdeutschen Zeitung« (Wuppertal)

> Im Visier der Beamten 51 Fahrzeuge, die mit Polizeibekleidung von der Autobahn zum Kontrollpunkt geleitet wurden. Nichts entging ihren geschulten Blicken. Insgesamt wurden während der Kontrollmaßnahme 28 Verstößen registriert.

Zu Beginn der Verkehrskontrolle hatten sich die Beamten entkleidet und ihre Uniformen ordnungsgemäß zu einem Markierungsstreifen zusammengelegt, an dem sich die rausgewinkten Autofahrer orientieren konnten.

Aus »Hallo Thüringen zum Sonntag«

Falscher Polizist verurteilt

Ein 43-jähriger Mann, der sich als falscher Polizist ausgegeben hatte, wurde wegen Amtsanmaßung verurteilt. Er hatte einen anderen Autofahrer aufgefordert, anzuhalten und erklärte ihm dann sein Fehlverhalten. Gipfel der Dreistheit: Der Verurteilte, der während des Vorfalls einen Wagen fuhr, besaß damals gar keinen Führerschein mehr. Vier Monate ohne Bewährung lautete das Urteil wegen einschlägiger Vorstrafen.

Neulich bei der Verkehrskontrolle (2): »Ihre Papiere bitte!« – »Sind Sie denn überhaupt ein echter Polizist?« – »Nein, ich bin ein falscher!« – »Wenn das so ist, dann zeige ich Ihnen auch nur meine falschen Papiere!«

Aus »Der Sonntag« (Karlsruhe)

Mit Trainern in den Augen ist man blind

Die Fehler des Diete

Machtwechsel Der Ulmer war 13 Jahre lang das Beste für Her
auch falsch. Jetzt endet seine Ära mit einem goldenen Han

VON WOLFGANG JOST

Berlin Wie doch Bilder täuschen: Vor drei Monaten, am 7. März, schien die Berliner Fußballwelt noch in Ordnung zu sein. Hertha BSC hatte in Cottbus 3:1 gesiegt, die Tabellenführung in der Bundesliga auf vier Punkte ausgebaut und Manager Dieter Hoeneß wurde zum Tänzchen auf den Rasen gebeten. Der 56-Jährige <u>warf</u>, von den Spielern umjubelt, <u>Arme und Beine von sich</u>, und am nächsten Spieltag, nach einem 1:0 über Leverkusen, musste Trainer Lucien Favre den „Meistertanz" vollführen. In der Hauptstadt

Diesen Tanz vollführt jeder Trainer nur einmal. Anschließend muss man nämlich lange suchen, bis man alle Teile wieder beisammenhat.

Aus der »Augsburger Allgemeinen« vom 6.6.2009

Abgestürzter St. Pauli-Fan ist noch in Lebensgefahr

AACHEN. Die Freude über den sensationellen 5:0 (4:0)-Auswärtssieg bei Alemannia Aachen war bei den Profis von Fußball-Zweitligist FC St. Pauli getrübt: Ein Fan des Hamburger Kultklubs war vor lauter Begeisterung im neuen, mit 32 960 Zuschauern ausverkauften Tivoli-Stadion über die Brüstung gefallen und rund neun Meter in die Tiefe gestürzt. Der 38-Jährige kam mit lebensgefährlichen Kopfverletzungen sowie etliche Brüchen und Hämatomen ins Krankenhaus. Der Fan liegt im künstlichen Koma und schwebt nach Polizeiangaben noch in Lebensgefahr.

„Da wird Fußball zweitrangig", zeigte sich Paul-Trainer Holger Stanislawski ebenso erschüttert wie seine Spieler. In Jubelstimmung waren die Akteure des neuen Tabellenführers zu ihren Fans in die Gästekurve gelaufen, mit Trainern in den Augen kehrten sie zurück. „Auch wenn wir 5:0 gewonnen haben, ist das jetzt scheiße", sagte Florian Bruns. Die Ursache für den Sturz blieb zunächst unklar. „Es gibt kein Anzeichen für ein Fremdverschulden, sodass wir von einem Unglücksfall ausgehen", sagte ein Polizeisprecher. Die Alemannia überlegt nun, eine Scheibe oder eine höhere Brüstung vor den Gästeblock zu setzen.

Immer das Wesentliche im Blick behalten, hatte Stanislawski seinen Spielern wohl an die tausend Mal erklärt. Endlich schienen sie es begriffen zu haben.

Aus der »Rhein-Zeitung« vom 19.8.2009

In »Gänsefüßchen«

Die Kurverwaltung von Cuxhaven war ratlos. Trotz der neuen Hinweistafel wagten sich immer wieder Wanderer auf die Schlickfelder hinaus und sanken darin ein. Aus irgendeinem Grund schien niemand die Warnung ernst zu nehmen.

Fotografiert am Strand bei Cuxhaven (Niedersachsen)

»Ironie ist das Körnchen Salz, das das Aufgetischte überhaupt erst genießbar macht«, meinte Johann Wolfgang von Goethe. Das passt bei diesem Angebot doch wie der Faust aufs Brötchen.

Entdeckt in Biberach an der Riß (Baden-Württemberg)

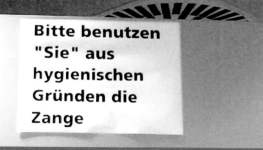

Bitte benutzen "Sie" aus hygienischen Gründen die Zange

Manche Anführungszeichen wirken geradezu zynisch oder herablassend. An dieser Theke verdient offenbar nicht jeder Kunde automatisch Respekt.

Entdeckt im »Tengelmann«-Markt in Bad Nauheim (Hessen)

Diese Haltestelle kann von Montag, 21. November 05 bis einschl. Freitag, 25. November 05 aufgrund von "Straßenarbeiten" nicht bedient werden.
Die nächsten Haltestellen:
<Veitshöchheim, Gartenstraße>

Wir bitten um Ihr Verständnis

Wer hat sich nicht schon mal über sogenannte Straßenbauarbeiten geärgert, bei denen es einfach nicht vorangeht. So viel Ironie hätte man der fränkischen Omnibusverkehrsdirektion allerdings gar nicht zugetraut!

Wundersame
Wiewörter

BEDIENTE
TERRASSE

15 m ⟫⟫⟫⟶

HOFBRÄU   HB   MÜNCHEN

»Magst du noch auf ein Stück Kuchen raufkommen?«, fragte der Balkon. »Nein danke«, antwortete die Terrasse, »ich bin restlos bedient!«

Fotografiert in einem Münchener Biergarten

Selbstverständlich ist es wichtig, dass das Kaminholz passt. Wie soll sich die Wärme sonst wohlfühlen?

Dieser Metzger ist fein raus, das Schlachten übernimmt ein spezialisiertes Würstchen!

Werbung eines Metzgers aus der Uckermark (Brandenburg)

Angeben zum großer machen

Erstaunliches aus dem Reich des Babelfish

Neue chat und forum
Bist du langweilig? Versuch
unsere neue Chat und Forum!

mehr>>

Das fängt ja gut an! Da fühlt man sich doch gleich erkannt
und angesprochen! Unwiderstehliche Chat-Einladung auf
www.praguemarathon.com

»Liebling, reich mir doch bitte mal die Streichhölzer rüber! Kinder, geht in Deckung!«

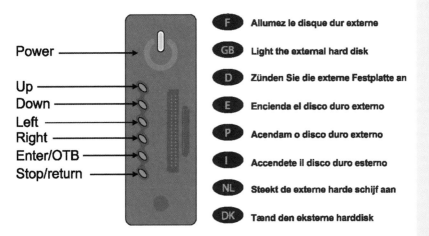

Aus einer Installationsanleitung einer externen Festplatte

BUNGALOWS

Angeben zum großer machen

Dieses Übersetzungsergebnis ist vielleicht nicht ganz das, was die Anbieter im Sinn hatten, als sie nach »Anklicken zum Vergrößern« suchten, aber es ist trotzdem zutreffend, denn wer sich größer machen will, muss angeben!

Von der Homepage www.gaastmeer-syperda.nl

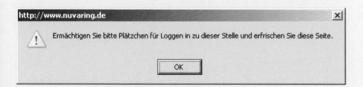

Überdeutsch: Die Aufforderung, Cookies zuzulassen, wird hier gleich zu einem Ermächtigungserlass für Gebäck.

Meldung von der Homepage www.nuvaring.de

Beachten Sie
die Sauberkeit!

Bitte achten Sie auf die Sauberkeit in diesem WC Vielen Dank.

Außerdem bitten wir Sie nicht an den behinderten Einrichtungen zu hantieren, da dadurch Fehlalarme ausgelöst werden können.

»Links sehen Sie ein blitzblank geschrubbtes Urinal! Es besteht zu hundert Prozent aus weißer Keramik. Und rechts davon haben wir ein strahlend geputztes Handwaschbecken aus den 70er-Jahren! Und fällt Ihnen auf, wie die Fliesen glänzen?« – »Ah!«, riefen die achtsamen Besucher entzückt, »welch beeindruckende Sauberkeit!«

Hinweis an der Behindertentoilette eines Supermarktes in Biberach an der Riß (Baden-Württemberg)

Manche Menschen werden mit der Zeit apathisch, manche
Früchte werden erst nach genetischer Behandlung aromatisch,
und dieses WC ...

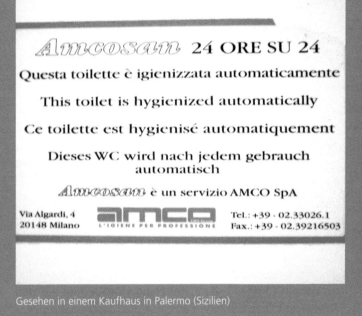

Gesehen in einem Kaufhaus in Palermo (Sizilien)

Wir wollen nicht nur zufriedene Kunden, sondern auch zufriedene WC-Anlagen!

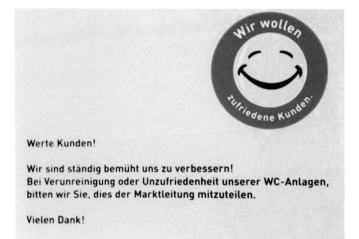

Wir wollen zufriedene Kunden.

Werte Kunden!

Wir sind ständig bemüht uns zu verbessern!
Bei Verunreinigung oder Unzufriedenheit unserer WC-Anlagen,
bitten wir Sie, dies der Marktleitung mitzuteilen.

Vielen Dank!

Aushang in einem Baumarkt in der Steiermark (Österreich)

Quatsch mit brauner Soße

Geschichtsbräuner v. Siemens, € 10,- Elek. Heißlockenwickler, € 10,-. Schnurlos. Tel. € 5,-. Nachtischlampen mit Glühbirnen € 2,-. Tel. 0 62 51/

Deutsche Technik macht's möglich: Einfach Stecker in die Wand und die Geschichte umfärben!

Kleinanzeige aus dem »Mannheimer Morgen«

Lange Zeit wurde behauptet, die meisten ranghohen Nazis seien in Südamerika untergetaucht. In jüngerer Zeit tauchen allerdings immer neue Anzeichen auf, die für Asien als Zufluchtsort sprechen.

Von einer Speisekarte eines Restaurants in Köln

Kochen nach Art des »Dritten Reiches«: Man nehme eine Prise Göbbels, eine Messerspitze Himmler und eine ...

Aus dem Angebot eines Imbisses in Zürich

In Niedersachsen sind Beamte der Steuerfahndung einer Schein-
firma auf die Schliche gekommen, deren Inhaber seit 1945 als
vermisst galt.

Gesehen in Rittmarshauen (Niedersachsen)

Wachsfigur von Hitler enthauptet

Vor einiger Zeit wurde die Welt von einer Meldung erschüttert,
die den Beweis zu erbringen schien, dass der »Führer« lebt.

Aus der »Rheinpfalz«

Trügerische Ruhe

Euphemismus: mildernde, verhüllende, beschönigende Um-
schreibung für ein anstößiges oder unangenehmes Wort (z. B.
»von uns gegangen« für »gestorben«). Manchmal kann auch
ein Straßenname als Euphemismus empfunden werden.

Fotografiert in Schwanheide (Mecklenburg-Vorpommern)

Als sich die Fälle von unangemessener Grabbewässerung häuften, erließ die Friedhofsgärtnerei an alle Besucher einen eindringlichen Appell.

Gehen Sie zu Ihrem Grab

wann immer Sie möchten - und nicht wenn Sie müssen !
Grabpflege ist Vertrauenssache - sprechen Sie mit uns

Werbung einer Friedhofsgärtnerei in Nordhausen (Thüringen)

Nachdem sich immer mehr Vampire über Handtaschendiebstähle beschwert hatten, sah sich die Friedhofsverwaltung gezwungen, entsprechende Warnhinweise aufzustellen.

Lassen Sie deshalb Ihre mitgeführten Wertgegenstände niemals unbeobachtet! Nehmen Sie Ihre Taschen/Jacken auch dann mit, wenn Sie das Grab nur kurzfristig verlassen!

Von einem Hinweisschild eines Berliner Friedhofs

O du fröhliche

Wollen Sie einmal ein astronomisches Weihnachtsballett erleben? Dann kommen Sie nach Hamburg und beobachten Sie die Musiker und Tänzer durchs Teleskop!

Aus den »Kieler Nachrichten« vom 13.10.2007

Hasenfilet
Glasierten Zwiebeln und Kräuterkartoffeln

345,-

nnsaker og Sjampinjongstuing

Kräutergefüllte Rosetten vom Rentier
Wildsauce und Champignongemüse

355,-

Russiske Erter

Wildentebrust
PIlzsauce und Russischen Erbsen

Was kommt Weihnachten bei Ihnen auf den Tisch? Probieren Sie es doch einmal mit dieser norwegischen Delikatesse!

Von der Speisekarte eines Restaurants in Kirkenes (Norwegen)

Wenn Ihnen Rentierrosetten zu gewagt erscheinen, dann emp-
fiehlt sich der traditionelle Gänsebraten. Diesem Inserat zufolge
müssten Sie Ihre Gans allerdings selbst einfangen, da die geschlachteten Tiere noch frei herumlaufen.

Kleinanzeige aus »Der Patriot« (Lippstadt)

Um gegenüber den Rinder- und Schafzüchtern nicht länger im
Nachteil zu sein, hat der Deutsche Geflügelzüchterverband
durchgesetzt, dass das gemeine Haustruthuhn zur offiziellen
Krippenfigur erklärt wurde. Neben Esel, Ochs und Schafen dürfen ab sofort auch Puten dem Christkind Gesellschaft leisten.

Bildnachweis

Der Dank gilt folgenden Personen, die ihre Genehmigung zur Veröffentlichung der Fotos gegeben oder Zeitungsausschnitte und andere Materialien zur Verfügung gestellt haben. Soweit es möglich war, wurden die Copyright-Fragen zu den Abbildungen geklärt. Nicht erreichte oder erwähnte Inhaber von Bildrechten werden gebeten, sich zu melden.

Seite	
13	Wolfgang Hüsgen, Essen
14 oben	Jochen Warthmann, Münstertal
14 unten	Laura Stratmann, Münster
15	Dr. Gerhard Rosner, Freiburg
16	Inge Müller, Wahlstedt
17	Theodor Topp
18	Uwe Krüger, Demen
19	Kay Gürtzig, Oberpörlitz
21 oben	Christina Liebert, Gera
21 unten	Ulrich Schmidt, Berlin
22 oben	Karl Guter, Immenstaad
22 unten	Manfred Winkler
23 oben	Marlis Feles, Köln
23 unten	Beate Anders, Vechelde
25	Ilse Binder, Wien
26	Julia Niemann, Wien
27	Susanne Bisinger, Pfronstetten
28	Bastian Sick
29	Andreas Rupp, Berlin
30	Jürgen Strauss, Köln

Haben Sie auch eine amüsante Entdeckung gemacht? Schicken Sie Ihr Fundstück mit Angabe von Quelle, Ort und Datum an:

Bastian Sick
Am Sandtorkai 56
20457 Hamburg

Oder per E-Mail an: zwiebelfisch@bastiansick.de

»Wir sind Urlaub« – das Beste aus »Hier ist Spaß gratiniert«,
ab dem 19. August auch zum Verschicken!

Bastian Sick. Wir sind Urlaub! KiWi 1190. 16 Postkarten

Mit seinem einzigartigen Gespür für originelle und verrückte Spracheskapaden hat Bastian Sick die lustigsten und unvergesslichsten Ausrutscher aus seinem Bestseller ›Hier ist Spaß gratiniert‹ in einem höchst unterhaltsamen Postkartenbuch vereint. Verschicken Sie Vergnügen und erfreuen Sie Freund und Feind mit unnachahmlichen Aussagen und Motiven zu allen möglichen Anlässen. Ab die Post!

www.kiwi-verlag.de

Auf die Plätze, fertig, Spaß!

Bastian Sick. Happy Aua. KiWi 996

Bastian Sick. Happy Aua 2. KiWi 1065

Gordon Blue, gefühlte Artischocken, strafende Hautlotion – nichts, was es nicht gibt! Bastian Sick hat sie in seinen Bilderbüchern aus dem Irrgarten der deutschen Sprache zusammengetragen und kommentiert: missverständliche und unfreiwillig komische Speisekarten, Hinweisschilder, Werbeprospekte u. ä. – die bizarrsten Deutschlesebücher der Welt.

www.kiwi-verlag.de

Zum Lesen, Lachen und Nachschlagen

Bastian Sick. Der Dativ ist ... Folge 1.
KiWi 863. Verfügbar auch als eBook

Bastian Sick. Der Dativ ist ... Folge 2.
KiWi 900. Verfügbar auch als eBook

Bastian Sick. Der Dativ ist ... Folge 3.
KiWi 958. Verfügbar auch als eBook

Bastian Sick. Der Dativ ist ... Folge 4.
KiWi 1134. Verfügbar auch als eBook

Witzig und unterhaltsam – Bastian Sicks Sprachkolumne
begeisterte bereits Millionen Leser.

www.kiwi-verlag.de

Jetzt schon ein Klassiker!

Bastian Sick. Der Dativ ist dem Genitiv sein Tod.
Gebunden

Die Folge 1 der Erfolgsserie »Der Dativ ist dem Genitiv sein
Tod« jetzt als gebundene Schmuckausgabe mit Lesebänd-
chen.

www.kiwi-verlag.de

Drei auf einen Streich

Bastian Sick. Der Dativ ist dem Genitiv sein Tod.
Ein Wegweiser durch den Irrgarten der deutschen
Sprache. Die Zwiebelfisch-Kolumnen. Folge 1-3 in
einem Band. Sonderausgabe. KiWi 1072

»Der Dativ ist dem Genitiv sein Tod« ist eines der erfolg-
reichsten Bücher der letzten Jahre. Mit Kenntnisreichtum
und Humor hat Bastian Sick uns durch den Irrgarten der
deutschen Sprache geführt. Jetzt sind erstmalig die drei
Folgen in einem Band versammelt und mit einem neuen,
alle Bände umfassenden Register versehen worden.

www.kiwi-verlag.de

Verschicken Sie schon oder überlegen Sie noch?

Bastian Sick. Zu wahr, um schön zu sein. Verdrehte Sprichwörter. 16 Postkarten

Jeder kennt es: Da sucht man nach der passenden Rede-
wendung und schon sieht man vor lauter Wald die Bäume
nicht. Schnell sind die falschen Sätze ausgesprochen, sie
kommen einem böhmisch vor und man steht da wie der
Ochs auf dem Berg. Die besten verdrehten Sprichwörter
gibt es nun auf Postkarten – »Zu wahr, um schön zu sein«.

www.kiwi-verlag.de